परमात्मा प्रेम

AF080816

चैतन्य उपाध्याय

BlueRose ONE.com
Stories Matter
NewDelhi • London

BLUEROSE PUBLISHERS
India | U.K.

Copyright © Kavi Chaitanya Upadhyay 2024

All rights reserved by author. No part of this publication may be reproduced, stored in a retrieval system or transmitted in any form or by any means, electronic, mechanical, photocopying, recording or otherwise, without the prior permission of the author. Although every precaution has been taken to verify the accuracy of the information contained herein, the publisher assumes no responsibility for any errors or omissions. No liability is assumed for damages that may result from the use of information contained within.

BlueRose Publishers takes no responsibility for any damages, losses, or liabilities that may arise from the use or misuse of the information, products, or services provided in this publication.

For permissions requests or inquiries regarding this publication, please contact:

BLUEROSE PUBLISHERS
www.BlueRoseONE.com
info@bluerosepublishers.com
+91 8882 898 898
+4407342408967

ISBN: 978-93-5989-989-3

Cover Design: Sadhna Kumari
Typesetting: Pooja Sharma

First Edition: February 2024

अनुक्रमणिका

हरिहर 1

महाविष्णु 3

महाकाल 5

हरि से प्रेम है 7

ओ..रामजी.. ओ श्यामजी 9

श्री हरि 11

भगवान हमारे साथ है 13

हरि का संग 15

मेरे प्रभु 17

ओ मेरे श्री हरि 21

ॐ कृष्णाये नमः 24

विष्णुजी 28

श्री कृष्ण 30

नाम है सत्य हरि हरि 32

हरे कृष्ण 34

हरि बोल 37

ओ...श्री कृष्ण 41

सत्य तुम हो 43

- भगवान 46
- ॐ 47
- ईश्वर 50

हरिहर

अनंतदेवाय वासुदेवाय प्राण प्रिये श्री हरी गुरु
परमेश्वर कोटि कोटि प्रणाम।
अनंतदेवाय महादेवाय प्राण प्रिये श्री हरा गुरु
परमेश्वर कोटि कोटि प्रणाम।

तू ही हरी। तू ही हरा
तेरी भक्ति में मैंने सारा जग है पाया।

अनंतदेवाय वासुदेवाय प्राण प्रिये श्री हरी गुरु
परमेश्वर कोटि कोटि प्रणाम।
अनंतदेवाय महादेवाय प्राण प्रिये श्री हरा गुरु
परमेश्वर कोटि कोटि प्रणाम।

मेरे परमात्मा आप के नाम है अनेक मगर हो आप
एक , कोई कहता जगन्नाथ तोह कोई कहता विश्वनाथ।
तुम हो मायापति
तुम हो उमियापति
तुम हो मेरी ज़िन्दगी के साहरथी।

तू ही हरी। तू ही हरा
तेरी भक्ति में मैंने सारा जग है पाया।

अनंतदेवाय वासुदेवाय प्राण प्रिये श्री हरी गुरु
परमेश्वर कोटि कोटि प्रणाम।
अनंतदेवाय महादेवाय प्राण प्रिये श्री हरा गुरु
परमेश्वर कोटि कोटि प्रणाम।

मेरे लिए मेरे प्रभु ही मेरे सुख है सुकून है।
मेरे लिए मेरे प्रभु ही मेरा धन है ,जायदात है।
तुम हो भाग्य
तुम हो कर्मा
तुम हो मेरी बंदगी के धर्म।

तू ही हरी। तू ही हरा
तेरी भक्ति में मैंने सारा जग है पाया।

अनंतदेवाय वासुदेवाय प्राण प्रिये श्री हरी गुरु
परमेश्वर कोटि कोटि प्रणाम।
अनंतदेवाय महादेवाय प्राण प्रिये श्री हरा गुरु
परमेश्वर कोटि कोटि प्रणाम।

महाविष्णु

तुमसे दुनिया तुमसे कारवां प्रभु
तुमसे प्रारम्भ, तुमसे अंत सब मेरे प्रभु |

दया के सागर वैकुंठपति
इतने न्यारे महा विष्णु , महा विष्णु
नारायण कृष्णा प्रभु
यार मेरे , प्यार मेरे | …… (2)

तेरे दीदार को तरसे नैना
व्याकुल होवे मन मेरा |……..(2)
तू ही हे विश्व में विश्वनाथ
तू ही हे जग में जगन्नाथ

दया के सागर वैकुंठपति
इतने न्यारे महा विष्णु , महा विष्णु
नारायण कृष्णा प्रभु
यार मेरे , प्यार मेरे | …… (2)

तेरे बिना मैं तो वेहरागि जोगी

तेरे सिवा मैं दुखो का भोगी | …… (2)

तू ही है दिल का श्रृंगार

तू है है मन का मनोहर |

दया के सागर वैकुंठपति

इतने न्यारे महा विष्णु , महा विष्णु

नारायण कृष्णा प्रभु

यार मेरे , प्यार मेरे | …… (2)

एक ही है आस

तू ही रहे पास

करदे जीवन खास मेरा

में तो तनहा एक परिंदा

करदे मुझको तुजमे फन्ना |………..(2)

तू ही हे सर्वे शक्तिमान

तू ही हे भक्त का भक्तिमान |

दया के सागर वैकुंठपति

इतने न्यारे महा विष्णु , महा विष्णु

नारायण कृष्णा प्रभु

यार मेरे , प्यार मेरे | …… (2)

महाकाल

तुमसे मिलूंगा दिल मैं जो है कहूंगा |
तुमसे ही इश्क़ मैं करूँगा |
तुमसे ही इश्क़ मैं करूँगा |

कालो के काल तुम
देवो के देव तुम
भोले शंकर , महाकाल तुम | ....(2)

तेरे दर आऊंगा
तुमको रिजवाऊंगा
और प्यार तुमसे ही करूँगा
और प्यार तुमसे ही करूँगा |

जो मेरी मन्नत
तू जन्नत करदे
इस भक्त पे मोहब्बत
की रेहमत तू करदे |

तुमसे मिलूंगा , दिल मैं जो है कहूंगा
तुमसे ही इश्क़ करूँगा
तुमसे ही इश्क़ करूँगा |

कालो के काल तुम
देवो के देव तुम
भोले शंकर , महाकाल तुम | ………(2)

आँखों में प्यास है
सांसो मैं आस है
प्रभु ही मेरे लिए ख़ास है
प्रभु ही मेरे लिए ख़ास है |

जो मेरी इबादत
तू खूबसूरत करदे
इस ज़िन्दगी पे
चाहत की राहत तू बरसा दे |

तुमसे मिलूंगा , दिल मैं जो है कहूंगा
तुमसे ही इश्क़ करूँगा
तुमसे ही इश्क़ करूँगा |

कालो के काल तुम
देवो के देव तुम
भोले शंकर , महाकाल तुम | ………(2)

हरि से प्रेम है

हरि से प्रेम है इतना प्रेम है|

ना इसकी कोई सीमा है|

प्यास मेरी ना बुझती है|

साथ तेरा ये मांगती है|

कब हरि आये मुझे संग ले जाये |

हरि से प्रेम है इतना प्रेम है |

ना कोई इसकी सीमा है |

प्यास मेरी ना बुझाती है |

साथ तेरा ये मांगती है |

मेरी जान हरि ही है |

मेरी पहचान हरि ही है |

तेरे सिवा ना कोई जिंदगी में प्राण है |

हरि से प्रेम है इतना प्रेम है |

ना कोई इसकी सीमा है |

प्यास मेरी ना भूलती है |

साथ तेरा यह मांगती है |

आंखों में आंसू इतने है|
वीरह में ये तो निकले हैं|
चाहतों के आलम उबरे है|
हरि नाम दिल से निकले है|
तू ही बता प्रभु अब मैं क्या करूं|
बिन तेरे हर क्षण उल्जू|

प्यास मेरी ना बुझती है|
साथ तेरा ये मांगती है|

कब हरि आए मुझे संग ले जाए|
हरि से प्रेम है इतना प्रेम है|
ना कोई इसकी सीमा है|
प्यास मेरी ना बुझती है|
साथ तेरा ये मांगती है|

हरि से प्रेम है इतना प्रेम है|
ना इसकी कोई सीमा है|
प्यास मेरी ना बुझती है|
साथ तेरा ये मांगती है|

ओ..रामजी.. ओ श्यामजी

ओ राम जी, ओ श्याम जी
आप ही मेरे प्राण जी
मेरी जान तुम हो
मेरी पहचान तुम हो |

ओ राम जी, ओ श्याम जी
आप ही मेरे प्राण जी |.........(3)

मेरे नैनों को प्रभु के
दर्शन की इतनी अभिलाषा है
की हर साँस में
प्रभु की ही प्रतीक्षा है | ....(2)
मेरा जीवन एक वन है
तेरे नाम से ये फूलो का उपवन है
मेरी जान तुम हो
मेरी पहचान तुम हो |

ओ राम जी, ओ श्याम जी
आप ही मेरे प्राण जी |.........(3)

द्वापर युग में अर्जुन के
आप ही सारथि बने हो
कलयुग में मेरी ज़िन्दगी के
भी आप ही हमसाथी बनो |…….(2)
मेरा लम्हा एक उल्जन है
तेरे दीदार से ये मोहमाया सुलझन है
मेरी जान तुम हो
मेरी पहचान तुम हो |……..(2)

ओ राम जी, ओ श्याम जी
आप ही मेरे प्राण जी |……….(3)

श्री हरि

कृपालु नंदन श्री हरी |

प्रेम रूपम श्री हरी |

तू कण-कण में बसे पालनहारे |

तू मन-मन सजे पालनहारे |

श्री हरी……..(3)

तुम बिन क्या ज़िन्दगी |

श्री हरी ……..(3)

सुबह हो शाम तेरी बंदगी |

श्री हरी ……..(3)

नैना प्यासे तेरे दीदार की राह में बैठे |

हृदय बेचन तेरे दर्शन की अभिलाषा में खोये |

तू मिल जा प्रभु ,

एक बार तो मिल जा प्रभु |

इस भक्त की व्याकुलता को ,

सुकून मिल जाये |

श्री हरी……..(3)

तुम बिन क्या ज़िन्दगी |

श्री हरी ……..(3)

सुबह हो शाम तेरी बंदगी |

श्री हरी ……..(3)

इस सफर के अंधेरो में मेरे साथ ,

श्री हरी नाम ज्योत है |

इस भीड़ के अकेलेपन में मेरा हाथ थामे,

श्री हरी प्रभु मेरे हमसाथी है |

श्री हरी……..(3)

तुम बिन क्या ज़िन्दगी |

श्री हरी ……..(3)

सुबह हो शाम तेरी बंदगी |

श्री हरी ……..(3)

भगवान हमारे साथ है

जन्म लिया है तो मौत आनी है |
कर्म किया है तो फल मिलना है |
जिंदगी के हर पड़ाव को पार ,
करना है तो मुश्किलों को सहना
पड़ता है |

संसार का नियम है खरे सोने को
चमकना है तो तपना पड़ता है
घबराये बिना चलते रहो
क्यूंकि....

भगवान हमारे साथ है
फिर क्या हमें डर है |.......(3)
हिम्मत है, हौसला है , जुनून है |

भगवान हमारे साथ है
फिर क्या हमें डर है |.......(3)

जो समुन्दर की चाहत रखते है वो
तालाब में गोते नहीं लगाया करते है |
जिसे दुनिया नाकाम समझती है वही
बड़ा नाम कर जाता है |
संसार का नियम है खरे सोने को
चमकना है तो तपना पड़ता है
घबराये बिना चलते रहो
क्यूंकि....

भगवान हमारे साथ है
फिर क्या हमें डर है |.......(3)
हिम्मत है, हौसला है , जुनून है |

भगवान हमारे साथ है
फिर क्या हमें डर है |.......(3)

हरि का संग

हरि है मेरे धड़कनों की सतरंग
हरि है मेरे सांसो की तरंग
उन के नाम से ही पूरी होती है
ज़िन्दगी की उमंग।

चारो तरफ है मोह माया का रंग
पर मुझे चाहिए हरि का संग। ...... (2)

मेरा जीना जीना तब हो
जब हरि भक्ति में मन
मेरा लीन हो।
मेरा मरना मरना तब हो
जब हरि दर्शन में दिल
मेरा दफ़न हो।

हरि के बिन मेरा कोई दिन नहीं। ....(2)

चारो तरफ है मोह माया का रंग
पर मुझे चाहिए हरि का संग। ..... (2)

जब मेरी रूह पहोचेगी

मेरे हरि के द्वार पे

तब जाके चाह थमेगी

मेरे हरि के दीदार से।

हरि के बिना मेरा कोई सहारा नहीं। ……..(2)

चारो तरफ है मोह माया का रंग

पर मुझे चाहिए हरी का संग। ..... (2)

जब मैं अलविदा करू इस जग से

तोह मैं मिलु मेरे जगदीश्वर से।

यही दुआ मैं करता हु

यही इच्छा मैं रखता हु।

हरि के सिवा मेरा कोई किनारा नहीं। …….(2)

चारो तरफ है मोह माया का रंग

पर मुझे चाहिए हरि का संग। ..... (2)

मेरे प्रभु

मेरे मेरे प्रभु श्री राम

मेरे मेरे प्रभु श्री श्याम

तेरे सिवा न कोई आए काम

बस तुम ही हो मेरे प्राण

बस तुम ही हो मेरे प्राण

मेरे मेरे प्रभु श्री राम

मेरे मेरे प्रभु श्री श्याम।……..(3)

मेरे ज़िन्दगी चलानेवाला

मेरी चिंता रखनेवाला

तू ही प्रभु है।

मेरा साथ देनेवाला

मेरा हाथ थामनेवाला

तू ही प्रभु है।

मेरे मेरे प्रभु श्री राम

मेरे मेरे प्रभु श्री श्याम

तेरे सिवा न कोई आए काम

बस तुम ही हो मेरे प्राण

बस तुम ही हो मेरे प्राण
मेरे मेरे प्रभु श्री राम
मेरे मेरे प्रभु श्री श्याम। ……..(3)

मेरे आज में
मेरे कल मैं
तुम हो प्रभु
मेरे एहसास में
मेरे पास में
तुम हो प्रभु
मेरे लम्हो की एक एक
क्षण में......
तुम हो प्रभु।
मेरे ज़िन्दगी चलानेवाला
मेरी चिंता रखनेवाला
तू ही प्रभु है।
मेरा साथ देनेवाला
मेरा हाथ थामनेवाला
तू ही प्रभु है।

मेरे मेरे प्रभु श्री राम
मेरे मेरे प्रभु श्री श्याम
तेरे सिवा न कोई आए काम
बस तुम ही हो मेरे प्राण
बस तुम ही हो मेरे प्राण
मेरे मेरे प्रभु श्री राम
मेरे मेरे प्रभु श्री श्याम।……..(3)

जो मेरे लिए अनुकूल नहीं
था न दिया।
जिस में मैं हर दम खुश
रहु वह ही दिया।
दुःख भरे अँधेरे को
मिटा के सुख का
जलाया तुमने दिया।
प्रभु तुमने मेरे लिए
बहुत कुछ किया।
मेरे ज़िन्दगी चलानेवाला
मेरी चिंता रखनेवाला
तू ही प्रभु है।
मेरा साथ देनेवाला
मेरा हाथ थामनेवाला
तू ही प्रभु है।

मेरे मेरे प्रभु श्री राम

मेरे मेरे प्रभु श्री श्याम

तेरे सिवा न कोई आए काम

बस तुम ही हो मेरे प्राण

बस तुम ही हो मेरे प्राण

मेरे मेरे प्रभु श्री राम

मेरे मेरे प्रभु श्री श्याम।……..(3)

ओ मेरे श्री हरि

हर पल हर पल रोता रहूं

पागल पागल घूमता रहूं

तेरी तलाश में फिरू मैं गली रे गली

तेरी तलाश में फिरू मैं गली रे गली |

ओ..मेरे श्री हरी |.......(3)

आंखे हे भरी

मिलना है ज़रूरी

ओ.. मेरे श्री हरी। ....(3)

तेरे भक्त की हालत समाज ज़रा

मेरे वक़्त की मोहलत पूरी करा। ....(2)

ओ.. नारायण ओ.. पालनहार

तू ही दाता , तू ही विधाता

तू क्यों नहीं आता।......(2)

दिल से चाहु मैं
तेरा इंतज़ार करू मैं
तेरी पूजा करु मैं
तेरी लीला सुनु मैं।

और मांगू तुझको लडी रे लडी।……..(2)

ओ.. मेरे श्री हरी |…….(3)
आंखे हे भरी
मिलना है ज़रूरी
ओ.. मेरे श्री हरी। …….(3)

मेरे परमात्मा आपसे मेरी भेट करादो
तुम्हारे स्पर्श का अहसास करादो
मेरी आत्मा की मुक्ति दिलादो
तुम्हारे चरणों का दास बनादो।

ओ.. मुरलीधर , ओ..श्रीधर
तू है कहा , तू है जहा
तू क्यों नहीं यहां। ………(2)

मन से सोचु मैं

तेरा प्यार जियु मैं

तेरी माला करू मैं

तेरी कथा पढू मैं

और पुकारू तुझको घड़ी रे घड़ी।………(2)

ओ.. मेरे श्री हरी |…….(3)

आंखे हे भरी

मिलना है ज़रूरी

ओ.. मेरे श्री हरी। …….(3)

ॐ कृष्णाये नमः

ओम श्री कृष्णाय नमः | ………. (3)

ओ प्रभु तेरी लीला ऐसी है ,
ना मैंने जाना |
संग रहता मेरे , रंग रहता मेरे |
मैं तुझको खोजु तू मेरे रूह में बसे |

ओम श्री कृष्णाय नमः | ………. (3)

मेरे हर सफर हर मुकाम में |
मेरी खुशी मेरे गम में |
कोई नहीं था तेरे सिवा |
आंख बंद कर लूं तो अंधेरा
ही दिखता , उस अंधेरे में
तेरा ही उजाला था |
तू ही मेरा सखा है |
तू ही मेरा सब कुछ है |

ओ प्रभु तेरी लीला ऐसी है ,
ना मैंने जाना |
संग रहता मेरे , रंग रहता मेरे |
मैं तुझको खोजु तू मेरे रूह में बसे |

ओम श्री कृष्णाय नमः | .... (3)

मुझको ये जहां ने हर पल धोखा दिया |
तूने मुझको धोखा कभी ना दिया |
मेरा जीवन बुझ ही गया था |
तूने उसको फिर से जलाया |
तू परमेश्वर है मेरा |
तू मुरलीधर है मेरा |

ओ प्रभु तेरी लीला ऐसी है ,
ना मैंने जाना |
संग रहता मेरे , रंग रहता मेरे |
मैं तुझको खोजु तू मेरे रूह में बसे |

ओम श्री कृष्णाय नमः | .... (3)

तुझको मोहब्बत करूं |

तेरा जतन करूं |

मेरे सांसों में भी ,

तेरे एहसास ही जीयु |

तुझको कितना माने मेरा ये दिल

बस जिंदगी की तू है आखरी मंजिल।

ओ प्रभु तेरी लीला ऐसी है ,

ना मैंने जाना |

संग रहता मेरे , रंग रहता मेरे |

मैं तुझको खोजु तू मेरे रूह में बसे |

ओम श्री कृष्णाय नमः | .... (3)

मैं केसा हु मुझको पता नहीं |

सचा हु या झूठा हु पता नहीं |

मैं तुझमें कही लापता हूं |

तेरी भक्ति अंतरात्मा से करता हूं |

तेरेको ही सिर्फ अपना कहता हूं |

तू ही मेरे लिखने मैं है

तू ही मेरे संगीत मैं है

ओ प्रभु तेरी लीला ऐसी है ,

ना मैंने जाना |

संग रहता मेरे , रंग रहता मेरे |

मैं तुझको खोजु तू मेरे रूह में बसे |

ओम श्री कृष्णाय नमः | ………. (3)

हरे कृष्णा

विष्णुजी

विष्णु जी....... विष्णु जी....... विष्णु जी.......

मेरे ह्रदय में तुम ही तुम।......(2)

जापता फिरू भजता फिरू

नाम हरी का सुबह ओ शाम।

विष्णु जी....... विष्णु जी....... विष्णु जी.......

मेरे ह्रदय में तुम ही तुम।......(2)

नैनो को प्यास है प्रभु की।

धड़कनो को आस है प्रभु की।

आओगे तुम आओगे तुम

मुझे यकीन है।

दर्शन आपका कराओगे तुम।

हरी की ही राह है।

हरी की ही चाह है।

मेरे जीवन को सिर्फ हरी का ही मोह है।

विष्णु जी....... विष्णु जी....... विष्णु जी.......

मेरे हृदय में तुम ही तुम।......(2)

जाप्ता फिरू भजता फिरू

नाम हरी का सुबह ओ शाम।

विष्णु जी....... विष्णु जी....... विष्णु जी.......

मेरे हृदय में तुम ही तुम।......(2)

बातो में भी हरी की ही बात है।

यादो में भी हरी की ही बात है।

मिलोगे तुम , मिलोगे तुम

पक्का भरोसा है

दीदार आप का दिखाओगे तुम।

हरी की ही राह है

हरी की ही चाह है मेरे जीवन को सिर्फ हरी

का ही मोह है।

विष्णु जी....... विष्णु जी....... विष्णु जी.......

मेरे हृदय में तुम ही तुम।......(2)

जाप्ता फिरू भजता फिरू

नाम हरी का सुबह ओ शाम।

विष्णु जी....... विष्णु जी....... विष्णु जी.......

मेरे हृदय में तुम ही तुम।......(2)

श्री कृष्ण

श्री कृष्णा है पालनदाता इस जगत के |
श्री कृष्णा है इतने नटखट जो प्यारे लगे दिलसे |
श्री कृष्णा की मुरली की धुन लगे की सांसो की
डोर चल रही हो हमारी |
श्री कृष्ण का चेहरा देखे तो लगे की चेहरे
को एक पल भी उलझन ना होने दे नजर से हमारी।

वह हर पल पास रहते
हमारा वजूद बनके ।
वह हर पल हमारे साथ दिन रात रहते
हमारा साया बनके ।
हां ..... बात लाखो श्री कृष्णा के बारे में
मगर कहने के लिए अल्फ़ाज़ ही कम है मेरे ।

हृदय बोले, मन बोले..
श्री कृष्णा……(3)

यह महकी हवा जब छूती है
तब श्री कृष्णा पास हो मेरे एहसास होता है |
ये उगता सूरज जब किरणे अपनी मुझपे
बरसता है , तब श्री कृष्णा रूपी छाव
साथ चलने का विश्वास बनता है |

वह हर पल पास रहते
हमारा वजूद बनके।
वह हर पल हमारे साथ दिन रात रहे
हमारा साया बनके।
हां..... बात लाखो श्री कृष्णा के बारे में
मगर कहने के लिए अल्फ़ाज़ ही कम है मेरे
हृदय बोले,मन बोले..
श्री कृष्णा……(3)

नाम है सत्य हरि हरि

नाम है सत्य हरि हरि |
प्यार है मेरे हरि हरि | ……….(2)

मुझमें में हरि है |
तुझ में हरि है |
हर कण-कण में हरि है |

नाम है सत्य हरि हरि |
प्यार है मेरा हरि हरि |……….(3)

मेरी खुशियों का सागर |
मेरे सुकून का अंबर |
बस तू ही परम ईश्वर |
मेरी नज़रों का नूर |
मेरे गीतों का सुर |
बस तू ही परम ईश्वर |
मुझमें में हरि है |
तुझ में हरि है |
हर कण-कण में हरि है |

इंतज़ार है तेरा हरि हरि |
प्यार है मेरा हरि हरि |……….(3)

नाम है सत्य हरि हरि |
प्यार है मेरा हरि हरि |……….(3)

दुखों की घड़ियों
में साथ तेरा है |
सुखों की लड़ियों में
हाथ तेरा है |
बस इस मोह माया की कड़ियों में तू ही जिंदगी है।

प्रार्थना है दिल से हरि हरि |
प्यार है मेरा हरि हरि |……….(3)

मुझमें है हरि है |
तुझ में हरि है |
हर कण-कण में हरि है |

नाम है सत्य हरि हरि |
प्यार है मेरा हरि हरि |……….(3)

हरे कृष्ण

हरे कृष्णा कृष्णा ……….(3)

तेरा आशीर्वाद बरसा मुझपे

तेरा संवाद निकला दिलसे

हरे कृष्णा कृष्णा

तेरा नाम जापता रहता

तेरा इंतज़ार इतना करता

हरे कृष्णा कृष्णा……….(3)

तेरी बंसी की धुन मुझपे ऐसी छाई |

सारी खुदाई जैसे मुझपे बरसी |

तुजसे मेरी इतनी मोहब्बत के मोहब्बत को भी इतनी मोहब्बत , मोहब्बत से नहीं |

तू ही मेरा दाता, तू ही मेरा रहनुमा |

हरे कृष्णा कृष्णा ……….(3)

तेरा आशीर्वाद बरसा मुझपे

तेरा संवाद निकला दिलसे

हरे कृष्णा कृष्णा

तेरा नाम जापता रहता

तेरा इंतज़ार इतना करता
हरे कृष्णा कृष्णा..........(3)

दुनिया की माया दुनिया दारी में लिपट पड़ी है |
पर मेरी माया प्रभु तुम्हारे में बसी है |
ओ.. मायापति मेरा,तेरा फितूर इतना चढ़ा है |
की सरे जहा की वस्तुवे तुच्छ नज़र आती है |
तू ही मेरा दाता तू ही मेरा रहनुमा |

हरे कृष्णा कृष्णा ....(3)
तेरा आशीर्वाद बरसा मुझपे
तेरा संवाद निकला दिलसे
हरे कृष्णा कृष्णा
तेरा नाम जापता रहता
तेरा इंतज़ार इतना करता
हरे कृष्णा कृष्णा..........(3)

तेरे संग प्रीत मेरी ऐसी बंदी है
ओ मुरलीधर
तेरे रंग में रंगी ऐसी जिंदगी मेरी
ओ श्रीधर ....(2)
तेरी मोहब्बत का ऐसा पि लिया है मैंने समुन्दर |
तू ही मेरा दाता, तू ही मेरा रहनुमा।

हरे कृष्णा कृष्णा ....(3)
तेरा आशीर्वाद बरसा मुझपे
तेरा संवाद निकला दिलसे
हरे कृष्णा कृष्णा
तेरा नाम जापता रहता
तेरा इंतज़ार इतना करता
हरे कृष्णा कृष्णा..........(3)

हरि बोल

हरी बोल.... हरी बोल...
हरी....... हरी ......

हरी का आशिक़। .....(3)
मैं हु हरी का आशिक़
मेरा प्यार तू
मेरा संसार तू
मेरा प्राण प्रिये तू

हरी का आशिक़। ....(3)
मैं हु हरी का आशिक़
सुख हो या फिर
दुःख होता तू ही प्रभु मेरा
साथ देता।
खुशियोका तू आलम देता
दर्दो मैं तू मलहम देता
तू है दयालु....
तेरी माया कोई ना जाना
मेरे दिल में धड़कता
हरी नाम का इश्क़।

हरी का आशिक़।......(3)

मैं हु हरी का आशिक़

मेरा प्यार तू

मेरा संसार तू

मेरा प्राण प्रिये तू

हरी का आशिक़।......(3)

मैं हु हरी का आशिक़

हरी बोल.... हरी बोल...

हरी....... हरी ......

इस कायनात में सुकून का अमृत

हरी नाम है।

इस ज़िन्दगी में रेहमत का हौसला

हरी नाम है।

मेरी मौत जब आए

तब मुख से एक ही आखरी शब्द निकले

वह हो मेरे प्रिय हरी हरी।

सुख हो या फिर

दुःख होता तू ही प्रभु मेरा

साथ देता

खुशियोका तू आलम देता

दर्दो मैं तू मलहम देता

तू है दयालु....
तेरी माया कोई ना जाना
मेरे दिल में धड़कता
हरी नाम का इश्क़।

हरी का आशिक़।......(3)
मैं हु हरी का आशिक़
मेरा प्यार तू
मेरा संसार तू
मेरा प्राण प्रिये तू
हरी का आशिक़। .....(3)
मैं हु हरी का आशिक़
हरी बोल.... हरी बोल...
हरी....... हरी ......

हरी हर चेतना
में बशे है।
हरी हर जिव
में धड़कते है।
हरी है इतने प्यारे
जो भक्त के लिए कोई भी
रूप में आते है।
सुख हो या फिर

दुःख होता तू ही प्रभु मेरा
साथ देता
खुशियोका तू आलम देता
दर्दो मैं तू मलहम देता
तू है दयालु....
तेरी माया कोई ना जाना
मेरे दिल में धड़कता
हरी नाम का इश्क़।

हरी का आशिक़।......(3)
मैं हु हरी का आशिक़
मेरा प्यार तू
मेरा संसार तू
मेरा प्राण प्रिये तू
हरी का आशिक़। .....(3)
मैं हु हरी का आशिक़
हरी बोल.... हरी बोल...
हरी....... हरी ......

ओ...श्री कृष्ण

ओ.. श्री कृष्णा प्रभु तुम्हारे रूप का दर्शन दो |
इस भक्त को भक्ति की धुप दो | ......(2)
मुझे हृदय में अपने स्थान दो |
मुझे दीदार का आपके अमृत दो |

ओ.. श्री कृष्णा प्रभु तुम्हारे रूप का दर्शन दो |
इस भक्त को भक्ति की धुप दो | ......(2)

जैसी ध्रुव के लिए जैसे प्रह्लाद के लिए
आये थे आप प्रभु
वैसे मेरी चाहत है प्रभु आप आये।
इस भक्त की प्यास को आपके आशीर्वाद
से प्रभु तृप्त कर दीजिये | ....(2)
मुझे हृदय में अपने स्थान दो |
मुझे दीदार का आपके अमृत दो |

ओ.. श्री कृष्णा प्रभु तुम्हारे रूप का दर्शन दो |
इस भक्त को भक्ति की धुप दो | ......(2)

मेरे प्यार को प्रभु समजिये

मेरे मन को प्रभु जानिए

इस भक्त की जितनी परीक्षा ले लो मगर

आप से मिलने का मार्ग दो।..............(2)

मुझे हृदय में अपने स्थान दो |

मुझे दीदार का आपके अमृत दो |

ओ.. श्री कृष्णा प्रभु तुम्हारे रूप का दर्शन दो |

इस भक्त को भक्ति की धुप दो | ......(2)

सत्य तुम हो

शेषनाग पर सयन करते हो।
वैकुंठ में निवास करते हो।
ध्यान सभी का रखते हो।
पालनहार कहलाते हो।

सत्य तुम हो।
सनातन तुम हो।
पुरुषोत्तम तुम हो।
परम विष्णु
मेरे सखा।………(2)

सूरज की किरण तू ही तो है प्रभु।
वह धूप में तू ही तो छांव है प्रभु।
बारिश की बूंद में तू ही है प्रभु।
वो बरसात में तू ही तो छाता है प्रभु।

सत्य तुम हो।
सनातन तुम हो।
पुरुषोत्तम तुम हो।
परम विष्णु
मेरे सखा।………(2)

चेहरे पर प्रभु के सदा
रहती है मुस्कुराहट।
देव हो या दानव।
पशु हो या मानव।
सभी के प्रति प्रभु
के हृदय में रहती है चाहत।
लक्ष्मी के पति लक्ष्मीपति तुम हो
संसार में चेतना रूपी तुम हो।

सत्य तुम हो।
सनातन तुम हो।
पुरुषोत्तम तुम हो।
परम विष्णु
मेरे सखा।………(2)

प्रभु कितने दयावान है।
भूखा उठाते हैं
मगर भूखा सुलाते नहीं।
मैं खुश हूं तो खुश रहते हैं।
मैं दुखी हूं तो दुखी रहते हैं।
मेरे दर्द में हमदर्द तुम हो।
मेरे मुश्किलों में सहायक तुम हो।

सत्य तुम हो |
सनातन तुम हो |
पुरुषोत्तम तुम हो |
परम विष्णु
मेरे सखा |.........(2)

भगवान

भगवान.....

तू प्यार का सागर है।

तू संसार का पालनहार है।

तू जिंदगी के लम्हों का हमसफर है।

भगवान ......

तू दुखियों की आस है।

तू हृदय के पास है।

तू बंदगी के एहसासों की सांस है।

भगवान......

तू दया की मूरत है।

तो माया को सूरत है।

तू भक्तों की दीवानगी की चाहत है।

भगवान.......

तू जग का नाथ जगन्नाथ है।

तू विश्व का नाथ विश्वनाथ है।

तू मनुष्यों के धर्म का एकनाथ है।

भगवान.........

ॐ

ॐ..... ॐ.... ॐ....

भगवन,

मैं ही शुन्य हूँ

मैं ही सर्जन हूँ

सब के दिलो में

मैं ही धड़कता हूँ। ……..(3)

प्यार भी मैं हु

संसार भी मैं हु

प्रारभ से अंत तक मैं ही मैं हु।

मैं ही शुन्य हूँ

मैं ही सर्जन हूँ

सब के दिलो में

मैं ही धड़कता हु। ……..(3)

दिन भी मुझसे ही

रात भी मुझसे ही

इस कायनात में

हर लम्हा मुझसे ही। ……..(2)

पल पल तेरा ख्याल मैं रखता।
तेरे साथ मैं जीता
तेरे साथ मैं मरता
हरि भी मैं हूँ
हरा भी मैं हूँ
हर अवतार में मैं ही मैं हु।

मैं ही शुन्य हूँ
मैं ही सर्जन हूँ
सब के दिलो में
मैं ही धड़कता हु। ....(3)

सूर्य भी मुझसे है
चाँद भी मुझसे है
इस ब्रह्मांड में
हर एक अणु मुझसे है। ....(2)
उमीदो का तेरी विश्वास बनता
तेरे साथ मैं हस्ता
तेरे साथ मैं रोता
यहा भी मैं हूँ
वहा भी मैं हूँ
हर जगह में मैं ही मैं हूँ।

मैं ही शुन्य हूँ
मैं ही सर्जन हूँ
सब के दिलो में
मैं ही धड़कता हूँ। ……..(3)

भक्त,
तू ही शुन्य है
तू ही सर्जन है
तेरी भक्ति में
मैं मग्न हु। ……..(3)

नाम तेरा सांसे जपती है
इंतज़ार में आंखे तपती है
हर वक़्त प्रभु तेरी बात
लबो पे रहती है। ……..(2)
दीवानगी तेरे दीदार की
प्रभु ऐसी छाए।
तेरे सिवा कोई सफर न दिखे
तेरे सिवा कोई फितूर न चढ़े।

तू ही शुन्य है
तू ही सर्जन है
तेरी भक्ति में
मैं मग्न हु।……..(3)

ईश्वर

तुम मिल जाओ प्रभु
तो मैं छोड़ दूं सब कुछ |
तुम मिल जाओ प्रभु
तो काया से निकाल दूं ये रूह |

ईश्वर तू ही मेरा प्यार है |
ईश्वर तू ही मेरा यार है |
तुजमेही पाया मैंने पूरा संसार है | ………(2)
ये आंखे राह देखे ,बस ये दिल तुझको ही मांगे |
बाकि क्या चाहिए ज़िन्दगी से

ईश्वर तू ही मेरा प्यार है |
ईश्वर तू ही मेरा यार है |
तुजमेही पाया मैंने पूरा संसार है | ………(2)

तुमसे मोहब्बत इतनी है हर सन प्रभु की इबादत है |
प्रभु के अलावा कोई चाहत नहीं |
मेरी सांसों की पहली सांस से आखरी सांस तक
तुम्हें ही मांगा भगवान |

ईश्वर तू ही मेरा प्यार है |

ईश्वर तू ही मेरा यार है |

तुजमेही पाया मैंने पूरा संसार है | ………(2)

ये आंखे राह देखे ,बस ये दिल तुझको ही मांगे |

बाकि क्या चाहिए ज़िन्दगी से

ईश्वर तू ही मेरा प्यार है |

ईश्वर तू ही मेरा यार है |

तुजमेही पाया मैंने पूरा संसार है | ………(2)

थोड़े वक्त की खुशी मुझे नहीं चाहिए |

मुझे अनंत खुशी चाहिए |

सारा जगत मोह की बेड़ियों से बंधा है।

मुझे सिर्फ भक्ति की बेडिया चाहिए

इस जहां के लोग सिर्फएक दूजे के दास बना चाहे

मैं सिर्फ तेरा ही दास बना चाहू ।

कुछ ऐसी लीला करके तुझमें ही **गुल जावू भगवान**।

ईश्वर तू ही मेरा प्यार है |

ईश्वर तू ही मेरा यार है |

तुजमेही पाया मैंने पूरा संसार है | ………(2)

ये आंखे राह देखे ,बस ये दिल तुझको ही मांगे |

बाकि क्या चाहिए ज़िन्दगी से

ईश्वर तू ही मेरा प्यार है |
ईश्वर तू ही मेरा यार है |
तुजमेही पाया मैंने पूरा संसार है | ………(2)

www.ingramcontent.com/pod-product-compliance
Lightning Source LLC
LaVergne TN
LVHW061603070526
838199LV00077B/7158
* 9 7 8 9 3 5 9 8 9 9 8 9 3 *